Karin Ammerer

SCHNÜFFEL JUNIOR

3 spannende Fälle
für 3 schlaue Detektive!

Mit Illustrationen von
Anna-Lena Kühler

Informationen zu Karin Ammerer und ihren Büchern unter **www.ammerer.net**

MIX
Papier aus verantwortungsvollen Quellen
FSC® C105694

www.ggverlag.at

ISBN 978-3-7074-2314-3

In der aktuell gültigen Rechtschreibung

2. Auflage 2024

Illustration: Anna-Lena Kühler
Lektorat: Birgit Rezny

Druck und Bindung: Druckerei Glöckler, Wöllersdorf

Inhalt

Ganz wie der Onkel

„Ganz wie der Onkel!", lobt Oma Schnüffel und streicht ihrem Enkel Max stolz über den Kopf. Das mag Max gar nicht. Es hat heute Morgen ewig gedauert, bis er mit seiner Frisur zufrieden war. Eine halbe Tube Gel hat er dafür gebraucht, und dann wuschelt ihm Oma einfach so durch die Haare!

Auch Tante Lisbeth, Omas Schwester, ist begeistert.

„So ein schlauer Kerl!“, ruft sie.

Max geht einen Schritt zurück. Er bringt sich lieber in Sicherheit. Nicht, dass ihm Tante Lisbeth auch noch seine Frisur durcheinanderbringt!

„Den Artikel lassen wir einrahmen! Und dann hängen wir ihn hier hin“, meint Oma und zeigt auf die freie Stelle über dem Regal.

„Ich bin für diese Wand“, überlegt Tante Lisbeth. „Da sieht jeder gleich, wie klug unser Maximilian ist!“

„Aber hier …“, widerspricht Oma ihrer Schwester. Weiter kommt sie nicht.

Die Tür geht auf und Inspektor Schnüffel betritt das Wohnzimmer.
„Nanu, was ist denn hier los?“, fragt er erstaunt. „Habe ich das Mittagessen verpasst?“ Der Detektiv streckt seine Nase in die Höhe. Merkwürdig! Es riecht nicht nach Grießnockerlsuppe und nicht nach Schweinsbraten und auch nicht nach Kaiserschmarrn. Es riecht … es riecht … nach gar nichts!
Oma Schnüffel schüttelt den Kopf. Wie kann ihr Sohn jetzt nur ans Essen denken?
„Oma und Tante Lisbeth suchen gerade einen Platz für den Zeitungsartikel!“, erklärt Max.
Zeitungsartikel? Welcher Zeitungsartikel? Neugierig schaut der Inspektor Oma über die Schulter. Dann nimmt er ihr die Zeitung aus der Hand und liest laut vor:

DER KLAI

Schnüffel Junior löst ersten Fall

Maximilian „Max“ Kager (in Aktion)

Die unheimliche Serie an Fahrraddiebstählen in Klaindorf in der Steiermark konnte endlich beendet werden. Der neunjährige Maximilian Kager und seine beste Freundin Lea Waldl gaben der Polizei den entscheidenden Hinweis.

„Wir haben in einen Stadtplan alle Orte eingezeichnet, an denen Fahrräder gestohlen wurden“, schildert Maximilian, den seine Freunde nur Max nennen. „Dann haben wir ein Muster erkannt und Lea und mir war sofort klar, wo die

Lea Waldl (Max´ beste Freundin)

Fahrraddiebe als nächstes zuschlagen werden!"
Daraufhin legten sich die beiden Kinder auf die Lauer. Als es dunkel wurde, erschienen drei maskierte Männer und machten sich an den Fahrrädern zu schaffen. Ohne zu zögern riefen die Nachwuchsdetektive die Polizei. Wenig später wurde die Bande festgenommen.
Lea und Max wurden von Bürgermeister Willi Wichtig und Polizeipräsident Harald Handschellinger geehrt.

Onkel ebenfalls Detektiv

Wie der Klaindorfer Bote herausgefunden hat, ist Maximilian Kagers Onkel der berühmte Inspektor Schnüffel. Der Detektiv ermittelt seit vielen Jahren äußerst erfolgreich und ist ständig auf Verbrecherjagd. Kein Wunder also, dass der Neffe in die Fußstapfen seines bekannten Onkels tritt. Wir sind sicher: Das war bestimmt nicht der letzte Fall, den Schnüffel Junior gelöst hat!

Der Inspektor nickt anerkennend. Klar, dass dieser Zeitungsbericht einen Ehrenplatz bekommen muss! Aber wo? Darüber sind sich Oma und Tante Lisbeth noch immer nicht einig. Schnüffel seufzt. Das Mittagessen fällt heute wohl endgültig aus. Er gratuliert Max, verabschiedet sich von Oma und Tante Lisbeth und macht sich hungrig wieder auf den Weg in sein Büro.
Und Schnüffel Junior? Der trifft sich mit Lea. Denn ganz bestimmt gibt es schon bald den nächsten Fall, der gelöst werden muss …

Wo ist Fräulein Gloria?

Der Neue

Die Pausenglocke läutet. Schnell huschen die Kinder zurück auf ihre Plätze. Max und Lea sitzen nebeneinander. Das ist praktisch – vor allem wenn man gemeinsam auf Verbrecherjagd geht! Schon kommt Frau Krautsack zur Tür herein. Ein blasser Junge mit Brille begleitet sie und blickt schüchtern zu Boden. Er trägt einen karierten Rollkragenpullover und eine karierte Hose. Eigentlich ist alles an ihm kariert. Sogar die Socken.

„Das ist Konrad-Konstantin von Klunker!", stellt die Lehrerin den neuen Schüler vor. Dann wendet sie sich zu dem Buben und meint: „Neben Lea ist noch ein Platz frei!"

Ohne etwas zu sagen, nimmt Konrad-Konstantin seine karierte Schultasche, geht in die zweite Reihe und setzt sich neben das Mädchen mit den lustigen

Locken. Lea platzt fast vor Neugier. Sie hat ja so viele Fragen an den Neuen. Aber der sitzt einfach nur da und hört Frau Krautsack aufmerksam zu. Seltsam …

In der großen Pause stürmen die Kinder hinaus auf den Pausenhof. Einige schaukeln oder springen Seil, andere spielen Fußball.

Konrad-Konstantin steht ein wenig abseits und schaut zu.
„Los, Klaus-Kasimir, fang!", ruft Max und wirft ihm den Ball zu.
Wie angewurzelt bleibt der Bub stehen. Mit einem lauten „Platsch!" landet der Ball neben ihm auf dem Boden.
„Ich … ich heiße Konrad-Konstantin", sagt er leise.
Hm ... Max überlegt. „Weißt du was? Ich werde dich einfach Koko nennen!", erklärt er und zieht den verdutzten Konrad-Konstantin einfach auf das Spielfeld.

Der geheimnisvolle Brief

Koko hat sich rasch eingelebt. Heute ist er mit seinen neuen Freunden Max und Lea zum Spielen in Leas Baumhaus verabredet. Dort kann man wunderbar Pläne schmieden.
„Wo bleibt er denn?", wundert sich Lea.

Max lehnt sich aus dem Fenster: „Keine Spur von ihm!"

Plötzlich klingelt sein Handy. Es ist Koko.

„Kommt schnell, bitte!", sagt er. „Es ist etwas Schreckliches passiert!"

Max und Lea schauen einander erschrocken an.

„Was ist los?", fragt Max, doch Koko hat schon aufgelegt.

Lea und Max schnappen sich ihre Räder und fahren zur Villa der Gräfin von Klunker.

Hier wohnt Koko mit seiner Großmutter. Das Haus ist riesig, fast wie ein Schloss.
Koko erwartet seine Freunde schon an der Haustür. Er ist noch blasser als sonst und sieht sehr besorgt aus.
„Hier, das habe ich im Briefkasten gefunden!", sagt er und streckt den beiden einen Zettel entgegen.
Lea liest laut vor:

WENN DU DEINE KATZE
WIEDERHABEN WILLST, KOSTET
DAS 50.000 EURO!
LEG DAS GELD HEUTE ABEND IN
DIE SCHWARZE MÜLLTONNE
NEBEN DER GARAGE!

Fragend schaut sie Koko an. Was hat das nur zu bedeuten?

Koko zieht ein kariertes Taschentuch aus seiner Hosentasche, schnäuzt sich und beginnt zu erzählen: „Meine Großmutter hat zwei wertvolle Katzen, Miezmauz und Fräulein Gloria. Seit heute Mittag ist Fräulein Gloria spurlos verschwunden!"

„Sie wurde entführt!", kombiniert Max. Koko nickt. Genau das denkt er auch.

„Wir müssen deine Großmutter befragen! Vielleicht hat sie einen Verdacht, wer das getan haben könnte!", meint Lea.

„Das geht nicht!", antwortet Koko. „Großmutter hat sich furchtbar aufgeregt. Sie hat einen Beruhigungstee getrunken und schläft jetzt!"

„Wir könnten Inspektor Schnüffel um Hilfe bitten!", schlägt Lea vor.

Max schüttelt den Kopf. Das kommt überhaupt nicht infrage!

„Wir werden den Fall selbst lösen!", erklärt er.

Immerhin ist er Schnüffel Junior und mindestens so schlau wie ein echter Detektiv.

„Los, wir beginnen mit der Spurensuche!"

Zwei heiße Spuren

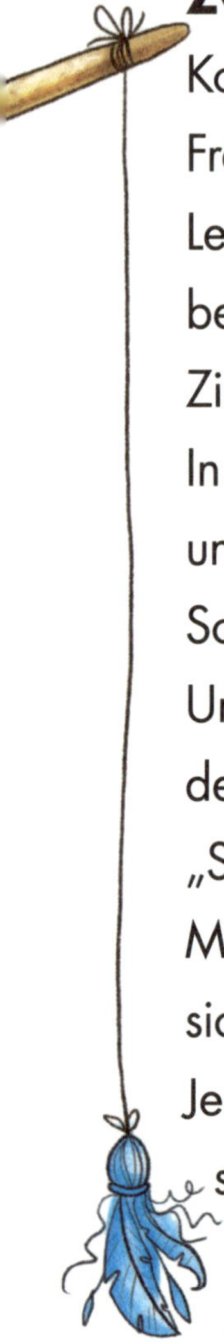

Koko führt seine Freunde in das Zimmer von Fräulein Gloria und Miezmauz.

Lea und Max trauen ihren Augen kaum. Die beiden Katzen haben tatsächlich ein eigenes Zimmer in der Villa!

In einer Vitrine stehen Pokale in allen Größen und Formen. Dazwischen liegen Schleifen und Schärpen. An den Wänden hängen zahlreiche Urkunden von Schönheitswettbewerben und Fotos der beiden Katzen.

„Sind die süß!", schwärmt Lea.

Max sieht sich im Zimmer um und macht sich eifrig Notizen.

Jede Katze hat ihr eigenes Körbchen. Die Pölster sind mit den Namen der Tiere bestickt. Miezmauz sitzt in ihrem violetten Körbchen und miaut traurig. Sie scheint Fräulein Gloria zu vermissen.

All die Kratzbäume und
Spielzeuge im Zimmer
interessieren sie nicht.
Die Zimmertür und die Fenster sind nicht beschädigt. Auch sonst ist nichts ungewöhnlich – außer der Tatsache, dass die Katzen ein größeres Zimmer haben als Max.

„Vielleicht war es unser Nachbar, Herr Glubsch! Ich weiß, dass er nicht viel Geld hat!", denkt Koko laut nach. „Und unser Koch, Fred Feinschmeck, mag Großmutters Katzen nicht. Er hat eine Katzenallergie und es wäre ihm bestimmt lieber, wenn im Haus keine Katzen leben würden."
Hm…das klingt schon mal interessant.
„Na, das sind ja gleich zwei heiße Spuren!", überlegt Max.

Wer ist der Katzen-Entführer?

Die drei Detektive befragen zuerst Fred Feinschmeck.

Er steht in der Küche und rührt gerade in einem großen Topf.

„Fred, Großmutters Katze Fräulein Gloria wurde entführt!", beginnt Koko.

„Entführt?", wiederholt der Koch. „Wer macht denn

so etwas? Ich muss den Katzen dreimal täglich frisches Essen kochen und sie füttern. Obwohl ich doch so allergisch bin!"

Max zieht eine Augenbraue hoch. Dieser Fred Feinschmeck scheint Fräulein Gloria jedenfalls nicht besonders zu mögen. Verdächtig!

Aber da ist auch noch seine Allergie. Wenn er den Katzen zu nahe kommt, muss er ständig niesen und seine Augen schwellen zu. Warum sollte der Koch also eine Katze entführen?

Vielleicht haben die drei ja bei Herrn Glubsch mehr Glück.

Lea klingelt an der Tür des Nachbarhauses. Ein junger Mann öffnet.

„Guten Tag! Jemand hat heute Frau Klunkers Katze, Fräulein Gloria, gestohlen!", berichtet Max. „Haben Sie vielleicht etwas Verdächtiges beobachtet?"

Der junge Mann denkt kurz nach. Dann schüttelt er den Kopf.

„Die arme Frau Klunker! Sie ist bestimmt sehr traurig. Ich weiß ja, wie sehr sie ihre Katzen liebt, und sie ist so eine nette Nachbarin. Hoffentlich findet ihr den Dieb!"
„Das hoffen wir auch!", erwidert Lea traurig. „Wir haben einen Brief gefunden. Frau Klunker muss viel Geld bezahlen, wenn sie ihre Katze wiederhaben möchte!"
Herr Glubsch schaut die Kinder erschrocken an.

„Oje, das klingt ernst! 50.000 Euro sind eine Menge Geld. Aber vielleicht ist es am besten, wenn sie einfach bezahlt! Die Hauptsache ist doch, dass Frau Klunker ihre Katze bald wieder gesund und munter zurückbekommt!"
Max nickt: „Da haben Sie recht! Und ich bin sicher, dass es sogar schon sehr bald sein wird. Denn Schnüffel Junior hat diesen Fall gelöst! Wir wissen, wer Fräulein Gloria entführt hat! Nicht wahr, Freunde?"

Ja, unseren drei Detektiven ist klar, wer Fräulein Gloria entführt hat. Der Täter hat sich selbst verraten, denn er wusste etwas, das ihm niemand erzählt hat.
Wer ist der Entführer?

Lösung: Nachbar Glubsch ist der Katzen-Entführer. Die Detektive haben erzählt, dass Frau Klunker viel Geld bezahlen muss, um ihre Katze wiederzubekommen. Er wusste, dass 50.000 Euro gefordert wurden. Nur der Verfasser des Briefes konnte den Inhalt der Nachricht an Frau Klunker kennen.

Der gemeine Tortenzerstörer

Sehr viel Salz!

„Backe, backe, Kuchen!“, singt Oma Schnüffel fröhlich. Max grinst. Seit Monaten schon haben seine Oma und Tante Lisbeth Rezepte gesammelt. Nun wird fleißig gemixt, geknetet und gebacken. Am Sonntag findet nämlich der berühmte *Klaindorfer Backwettbewerb* statt und in den letzten vier Jahren hat Oma Schnüffel immer den ersten Preis gewonnen.

„Gib noch ein Ei dazu!“, rät Tante Lisbeth.

„Nein, nein, das reicht!“, widerspricht Oma.

„Glaub mir, ein Ei mehr und der Teig wird noch flaumiger!“, lässt Tante Lisbeth nicht locker.

„Nicht streiten, meine Damen!“, mischt sich Inspektor Schnüffel ein. Er schnappt sich ein Stück Kuchen und beißt hinein. Er kaut und kaut. Dann verzieht er das Gesicht.

„Was ist denn?", fragt Oma.

„Salz! Vieeeeel Salz!", keucht der Inspektor, schüttelt sich und trinkt schnell ein Glas Wasser leer.

Das kann Oma gar nicht glauben. Sie hat bestimmt nur ganz wenig …

„Sehr viel Salz!", bestätigt nun auch Tante Lisbeth, die ebenfalls gekostet hat.

„Vielleicht hast du die Packungen verwechselt und statt Zucker Salz erwischt", überlegt Max.
Oma Schnüffel schüttelt den Kopf. Das kann doch nicht sein! Sie hat noch nie, nie, nie Zucker und Salz verwechselt.
„Kann ja mal passieren!", versucht Schnüffel sie zu trösten. Er verabschiedet sich und macht sich auf den Weg ins Büro.
Oma versteht die Welt nicht mehr. Wie konnte sie nur einen solchen Fehler machen? Oder steckt vielleicht etwas ganz anderes dahinter?

Das geht nicht mit rechten Dingen zu!

Wenig später sitzen Max, Lea und Koko mit Oma Schnüffel und Tante Lisbeth um den Küchentisch. Sie haben beschlossen, alle Mehlspeisen zu kosten.
Im Streuselkuchen findet Max Kieselsteine, der Zitronenkuchen schmeckt nach Zahnpasta und die

Sachertorte ist mit Schuhcreme statt Schokolade bestrichen.
Oma Schnüffel kann sich das alles nicht erklären.
Sie wischt sich ihre Hände an der Schürze ab, bückt sich und öffnet den Backofen.

„Das kann doch nicht sein!", murmelt sie entsetzt.
Der Guglhupf ist in sich zusammengesunken.

„Das geht nicht mit rechten Dingen zu!“, ist sich Tante Lisbeth sicher. Ihre Schwester ist die beste Tortenbäckerin weit und breit.

„Vielleicht werde ich alt und bringe schon alles durcheinander“, überlegt Oma traurig. Sie nimmt die Schürze ab und hängt sie an den Haken.

„Das mit dem Backen lasse ich lieber …“ Seufzend geht sie zum Sofa, setzt sich und greift nach einem Buch, um darin zu lesen.

„Das dürfen wir nicht zulassen!“, ruft Max.

Nie wieder Omas berühmte Mehlspeisen? Nie wieder Kuchen zum Geburtstag? Nie wieder Vanillekipferl zu Weihnachten? Nein, das darf nicht passieren!

„Hm …“, macht Tante Lisbeth nachdenklich.

Die drei Detektive werden neugierig. Ist dem Tantchen etwas aufgefallen?

„Also, Kinder, …“, beginnt sie. „Ich denke, dass ich euch weiterhelfen kann …“

Nie mehr Omas Mehlspeisen?

Was Tante Lisbeth zu erzählen hat, ist sehr interessant. Oma war sich sicher, dass sie auch in diesem Jahr den Backwettbewerb gewinnen kann. Schon das ganze Jahr über hat sie neue Rezepte ausprobiert. Dabei hat immer alles bestens funktioniert. Nie gab es ein Problem, nicht einmal ein klitzekleines.

Aber seit Oma für den Wettbewerb backt, bekommt sie verdächtig viel Besuch. Immer wieder klingelt jemand an der Tür, möchte sich etwas ausborgen oder hat eine furchtbar wichtige Frage. Und weil Oma Schnüffel freundlich ist, bittet sie den Besuch gerne herein.

„Wenn sie dann die Küche verlässt oder irgendwie abgelenkt ist, könnte vielleicht jemand …", Tante Lisbeth macht eine Pause.
„… die Zutaten vertauscht haben!", beendet Lea den Satz.
„Jemand, der den Backwettbewerb selbst gewinnen möchte!", überlegt Max.
Wie gemein!
Tante Lisbeth kann die Person, die besonders häufig zu Besuch war, genau beschreiben. Gar kein Zweifel! Es handelt sich um Frau Zuckersüß, eine von Omas Nachbarinnen. Sie hat in den letzten Jahren bei dem Backwettbewerb immer Platz zwei belegt.
Vom Sofa ist ein tiefes Seufzen zu hören: „Vielleicht beginne ich besser mit dem Stricken!"
Erschrocken schaut Tante Lisbeth die Detektive an.
„Kinder, ihr müsst euch rasch etwas einfallen lassen!"

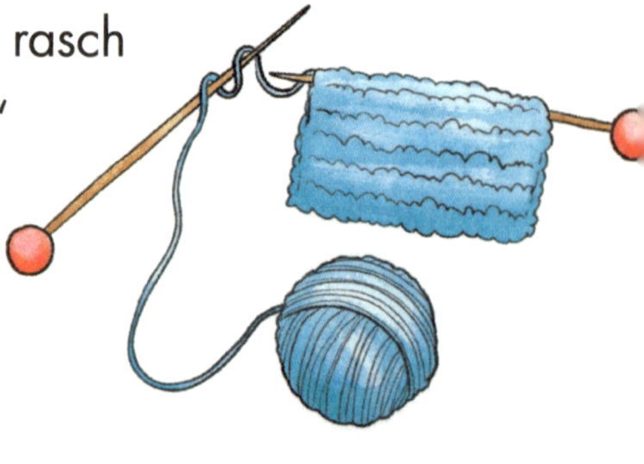

Ein uraltes Geheimrezept

Kurz darauf klingeln Lea, Max und Koko bei Frau Zuckersüß.

Eine rundliche Dame in einer geblümten Schürze öffnet die Tür.

„Na, hat euch der wunderbare Duft hergelockt?", fragt sie die drei und strahlt über das ganze Gesicht. „Ich backe gerade eine Nusstorte. Es ist ein uraltes Geheimrezept meiner Großmutter! Damit gewinne ich am Sonntag bestimmt den ersten Preis!"

„Außer meine Oma backt etwas Besseres!", meint Max.

Frau Zuckersüß lächelt säuerlich.

„Deine Oma ist eine ganz wunderbare Bäckerin", sagt sie, „aber heuer werde ich den Backwettbewerb gewinnen! Meine Großmutter war die berühmte Zuckerbäckerin Zuki Zuckersüß. Ihr Geheimrezept ist eine Sensation! Die Jury wird begeistert sein!"

Diese Angeberin! Max ist wütend. Seine Oma würde ganz bestimmt wieder Erste werden, wenn nicht …
„Warum waren Sie eigentlich in letzter Zeit so oft bei Frau Schnüffel?", fragt Lea.
„Ich? Nun ja, wir sind nicht nur Nachbarinnen, sondern auch alte Freundinnen. Da haben wir uns natürlich viel zu erzählen!", lacht Frau Zuckersüß.
„Waren Sie dort, um zu spionieren?", verhört sie Max.
Frau Zuckersüß bricht in schallendes Gelächter aus.

„Spionieren? Das habe ich doch gar nicht nötig. Ich habe ja das uralte Geheimrezept meiner Großmutter!"

Koko nimmt all seinen Mut zusammen.

„Wir denken, dass jemand bei Frau Schnüffel Zutaten vertauscht und falsche Zutaten in den Teig gegeben hat!", meint er schüchtern.

Frau Zuckersüß schaut den Buben von oben bis unten an.

„Du meinst, es gibt einen gemeinen Tortenzerstörer?", fragt sie und streicht sich nachdenklich über die Stirn.

Dabei hinterlässt sie eine breite Mehlspur.
„Wenn das so ist, dann werde ich euch jetzt etwas zeigen!"

Einbruch oder Lüge?

Frau Zuckersüß führt die Detektive in ihre Küche.
„Jemand hat vor Kurzem bei mir eingebrochen!", sagt sie geheimnisvoll. „Dieses Fenster wurde eingeschlagen! Alle Schubladen wurden durchwühlt. Wir wissen alle, was der Täter gesucht hat!"
Die Kinder werfen einander fragende Blicke zu. Torten vielleicht? Zutaten, die man vertauschen kann?
„Das Geheimrezept meiner Großmutter!", hilft Frau Zuckersüß den Detektiven auf die Sprünge. „Zum Glück habe ich es gut versteckt!"
„Dürfen wir das Fenster untersuchen?", fragt Lea.
Das dürfen die drei.

Koko holt eine Lupe aus seiner karierten Umhängetasche.
Frau Zuckersüß zeigt den Ermittlern, wo das Loch in der Scheibe war, durch das der Täter hineingreifen und das Fenster öffnen konnte.
„Natürlich habe ich längst alles reparieren lassen. Jedenfalls lagen die Glasscherben im Gras vor dem Fenster!

Es hat eine Ewigkeit gedauert, bis ich alle eingesammelt hatte!", erzählt sie.
Koko öffnet das Küchenfenster, lehnt sich hinaus und schaut auf den Boden.
„Da unten waren die Glasscherben?", fragt er.
„Genau da!", bestätigt Frau Zuckersüß.
„Maximilians Oma und ich wurden Opfer des gemeinen Tortenzerstörers! Hoffentlich schlägt er nicht noch einmal zu!"
„Keine Sorge!", sagt Max. „Wir sind sicher, dass es keine weiteren Zwischenfälle mehr geben wird!"

Schnüffel Junior, Lea und Koko wissen, dass Frau Zuckersüß gelogen hat. Bei ihr wurde nicht eingebrochen, das haben die Detektive gleich durchschaut. Aber woher wissen sie das?

Lösung: Die Glasscherben lagen im Gras. Ein Einbrecher hätte das Fenster aber so einschlagen müssen, dass die Scherben im Haus gelegen wären. Er wollte ja von draußen nach drinnen und nicht umgekehrt. Das Fenster von Frau Zuckersüß wurde von innen zerstört. Das war unseren Detektiven klar wie eine frisch geputzte Fensterscheibe.

Spuk auf Schloss Klunker

Ritter Kunibert von Klunker

Kokos Onkel Theo hat die drei Detektive zu einem Wochenende in sein Schlosshotel eingeladen. Lea und Max kommen aus dem Staunen gar nicht mehr heraus. Sie waren noch nie in einem richtigen Schloss.

„Ist dein Onkel ein König?", fragt Lea beeindruckt.

Koko lacht: „Nein, aber unsere Vorfahren waren die Grafen von Klunker. Das Schloss gehört unserer Familie schon seit Jahrhunderten!"

Lea ist ganz begeistert. Sie fühlt sich plötzlich wie eine richtige Prinzessin.

Übermütig tanzt sie durch die Halle und träumt von tapferen Rittern, goldenen Kronen und edlen Burgfräulein.
Kokos Onkel führt die Kinder eine breite Treppe hinauf in das obere Stockwerk. An den Wänden hängen riesige Gemälde.
„Das sind die Grafen und Gräfinnen von Klunker", erklärt er.

Die Menschen auf den Bildern schauen ernst, fast ein bisschen böse.
„Gruselig!", flüstert Lea. Ein Ritter in einer eisernen Rüstung macht ihr ein wenig Angst. Das Bild wirkt irgendwie sehr lebendig.
„Ritter Kunibert von Klunker", entziffert sie die Schrift unter dem Gemälde.
„Sag mal, Koko, spukt es in eurem Schloss?", fragt Max neugierig.

Auf Schatzsuche

Zu jedem alten Schloss gehört auch ein Gespenst. Das findet jedenfalls Max.
Kokos Onkel ist seltsam still.
„Nun ja …", beginnt er. „Es gibt da so eine Geschichte über Ritter Kunibert."
Eine Geschichte? Max ist sofort Feuer und Flamme.
„Aber das sind nur Märchen!", meint Herr von Klunker. Er zeigt den Kindern ihre Zimmer.

Dann verabschiedet er sich, ohne noch etwas über das Gespenst zu erzählen.
Max kann es gar nicht erwarten, das Schloss zu erkunden. Bestimmt gibt es jede Menge Geheimgänge. Und irgendwo muss es doch sicher auch ein Gespenst geben!
In der Bibliothek machen die Detektive zuerst halt. Die hohen Regale sind bis oben hin mit alten Büchern gefüllt.
„Hier ist eines über das Schloss!", sagt Koko.
Er wischt eine dicke Staubschicht ab, schlägt das Buch auf und lässt seinen Finger langsam über die Zeilen gleiten. Die Schrift ist schwer zu lesen, denn die Buchstaben sind verschnörkelt.
„Hier steht etwas über Ritter Kunibert!", ruft er. „Er hat vor über 200 Jahren in diesem Schloss gelebt. Bei seinen Raubzügen erbeutete er Gold und Edelsteine. Den Schatz soll er irgendwo im Keller des Schlosses versteckt haben. Gefunden wurde er aber bis heute nicht."

„Dann werden wir jetzt auf Schatzsuche gehen!", jubelt Max.
Koko versucht, seinen Freund zu bremsen: „Warte! Da steht noch etwas von einem Gespenst. Aber ich kann es nicht gut lesen. Die Schrift ist ganz blass!"
Davon lässt sich Max nicht aufhalten. Er hat sowieso und überhaupt keine Angst vor Gespenstern!

Rasch holen die drei Schatzsucher ihre Taschenlampen. Dann laufen sie hinaus in den Schlosshof. In einer dunklen Ecke führt eine schmale Treppe in den Keller. Max schiebt mutig ein paar Spinnweben zur Seite. Koko und Lea sind dicht hinter ihm.
Da ertönt plötzlich eine unheimliche Stimme: „Was macht ihr denn hier?"

Wer vergrault die Gäste?

Erschrocken fahren die Freunde herum. Vor ihnen steht Hugo, der Schlossdiener.
„Was macht ihr hier?", wiederholt er streng.
Einen Moment sind alle still. Max fängt sich als Erster: „Äh … geht es hier nicht zu unseren Zimmern?", fragt er.
Hugo schüttelt den Kopf.
„Na sowas!", sagt Lea und spielt die Erstaunte. „Dann haben wir uns wohl verlaufen!"

Misstrauisch schaut Hugo von einem zum anderen.
Koko senkt rasch den Blick.
Er merkt, dass er rot wird. Hoffentlich durchschaut
Hugo ihre Lüge nicht.
„Warum sind eigentlich so wenige Gäste hier?",
erkundigt sich Max.
Die Zimmer sind sehr schön. Im Schlosspark kann

man wunderbar spazieren gehen und das Essen ist köstlich.

„Liegt an dem Gespenst!", antwortet Hugo knapp.

Gespenst? Haben die drei etwa richtig gehört?

„Seit Ritter Kunibert hier spukt, bleiben die Gäste aus!"

Ritter Kunibert! Das hat Max gleich vermutet. Bestimmt bewacht er seinen Schatz.

„Für Herrn Klunker ist das natürlich schade!", meint Hugo.

„Und für Sie?", forscht Lea nach.

„Ehrlich gesagt, bin ich froh. Jeden Tag Koffer schleppen, Schuhe putzen, den Gästen das Frühstück aufs Zimmer bringen!", schnauft Hugo. „Ihr habt ja gesehen wie groß das Schloss ist. Ich bin nun mal nicht mehr der Jüngste!"

Als Hugo die erstaunten Blicke der Kinder bemerkt, fügt er hinzu: „Aber es ist natürlich sehr schade. So ein Schloss kostet furchtbar viel Geld. Da ist jeder Gast wichtig!"

Damit dreht er sich um und geht.
„Das Gespenst vergrault die Gäste meines Onkels!", ruft Koko.
Max und Lea sind sich auch ohne große Worte einig. Der Schatz muss warten. Zuerst geht es auf Gespensterjagd!

Nichts wie weg!

Als es dunkel wird, legen sich die Detektive im zweiten Stock auf die Lauer.
Der lange Gang ist gespenstisch. Nur der Vollmond scheint durch die hohen Fenster. Max kauert in einer Nische. Lea und Koko verstecken sich hinter einem schweren Vorhang. Alles ist ruhig.
Lea greift nach Kokos Hand. Eine Fledermaus huscht vorbei. Fast hätte Lea vor Schreck aufgeschrien.
„Alles in Ordnung bei euch?", zischt Max.

„Ja!", antwortet Koko leise.
Minute um Minute vergeht. Max gähnt. Eine Gespensterjagd hat er sich wirklich aufregender vorgestellt. Plötzlich fällt etwas mit einem ohrenbetäubenden Krach zu Boden. Es ist der Helm von Ritter Kuniberts Rüstung. Laut scheppernd rollt er den Gang entlang. Koko zittert vor Angst. Max läuft es kalt den Rücken hinunter. Lea hält sich die Augen ganz fest zu.
Ein gruseliges Lachen ist zu hören. Es wird lauter und immer lauter.
„Ritter Kuniberts Kopf!", ruft Max, als der Helm direkt auf ihn zurollt. „Lauft!"
Er springt auf, packt Lea und Koko an den Händen und rennt los.

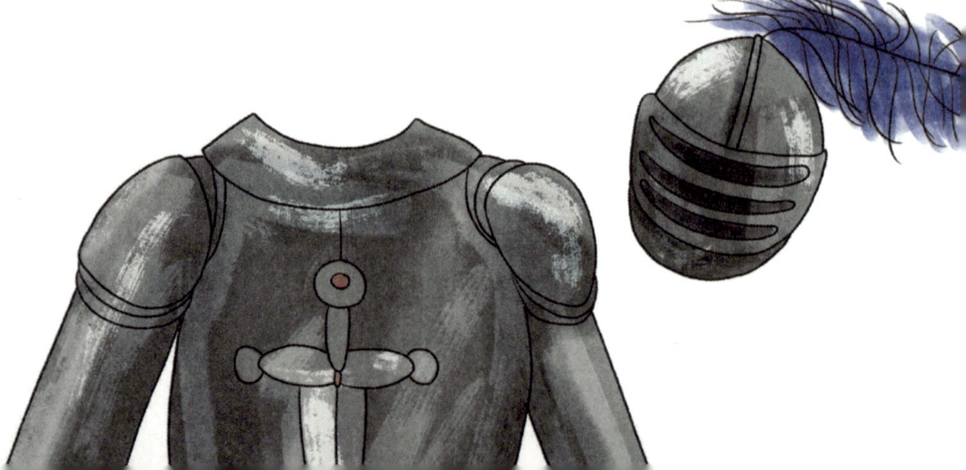

So schnell sie ihre wackeligen Beine tragen, stürzen die drei die Treppe hinunter. Stufe um Stufe hasten sie nach unten, bis sie endlich das große Tor erreichen. Gemeinsam stoßen sie es auf. Nur raus aus diesem Spukschloss!
Erst im Schlosshof halten die Freunde an.
Koko schaut sich hektisch um. Ist ihnen der kopflose Ritter gefolgt?
Lea ringt nach Luft.
„Was ist denn los?"; ruft Herr von Klunker besorgt.
Er ist wohl von dem Geschrei der Kinder geweckt worden.
„Wir … wir haben das Gespenst gesehen … im zweiten Stock … Ritter Kunibert … Kopf!", stößt Max atemlos hervor.

Gespenster gibt es nicht

Kokos Onkel lacht. „Ihr solltet nicht so viele Gruselbücher lesen! Gespenster gibt es nicht. Und schon gar nicht in meinem Schloss! Das sind doch alles nur Geschichten!“

„Doch! Wir haben es genau gesehen! Kopf – Scheppern – Lachen – wollte uns…!“

Die drei Detektive reden wild durcheinander.

„Nicht alle auf einmal!“, unterbricht Herr von Klunker.

„Pst!“, macht Lea. Sie hat Schritte gehört. Ob es das Gespenst ist? Ängstlich versteckt sie sich hinter Kokos Onkel.
Hugo kommt die Treppe hinunter. „Was ist denn hier für ein Lärm? Hat man nicht einmal nachts seine Ruhe?“
Max stürmt auf Hugo zu. „Wir haben das Gespenst gesehen! Wirklich! Es war Ritter Kunibert! Ich bin absolut sicher, hier spukt es!“
„Na, wir wollen mal nichts überstürzen!“, mahnt Herr von Klunker. „Beruhigt euch erst einmal. Wir setzen uns in der Küche zusammen und ihr erzählt uns ganz genau, was ihr gesehen habt. Hugo, seien Sie so nett, und machen Sie für uns alle eine heiße Schokolade!“
Hugo rollt genervt mit den Augen. Diese Kinder machen nur Arbeit!
„Was hattet ihr eigentlich im zweiten Stock zu suchen?“, fragt er ärgerlich. „Habt ihr euch mal wieder verlaufen?“

Nein, das haben Lea, Max und Koko nicht!
„Wir wollten herausfinden, was es mit diesem Gespenst auf sich hat!“, erklärt Lea. „Und genau das haben wir auch gemacht!“, bestätigt Max. Koko nickt wichtig.
Ja, Gespenster gibt es eben nur in Büchern, Filmen und … manchmal in alten Schlössern.

Max, Lea und Koko wissen, wer für den Spuk auf Schloss Klunker verantwortlich ist. Hast du auch herausgefunden, wer dahintersteckt?

Lösung: Es ist Schlossdiener Hugo. Ihm ist wohl die Arbeit mit den Gästen zu viel geworden. Er wusste, dass die Kinder das „Gespenst“ im zweiten Stock gesehen haben. Das haben sie aber nur Herrn von Klunker erzählt. Hugo konnte davon nichts wissen. Er muss also selbst dort gewesen sein und hat versucht, die Detektive mit seinem Auftritt zu erschrecken.

Auf den nächsten Seiten findest du lustige Rätsel, die mit unseren 3 spannenden Fällen zu tun haben. Viel Spaß!

Schnüffel Junior, Koko und Lea

3 Fragen für schlaue Detektive

Hast du ganz genau gelesen? Dann kannst du bestimmt die folgenden Fragen zu den Geschichte richtig beantworten:

1. Wie heißen die beiden Katzen der Gräfin?

a.) Fräulein Miezmauz und Gloria

b.) Fräulein Gloria und Mauzmiez

c.) Fräulein Gloria und Miezmauz

2. Was findet Detektiv Max in Oma Schnüffels Streuselkuchen?

a.) Streusel

b.) Kieselsteine

c.) Gemüse

3. Wer vergrault die Gäste auf Schloss Klunker?

a.) Die Köchin

b.) Das unfreundliche Zimmermädchen

c.) Ritter Kunibert

Schau genau!

Gräfin von Klunkers Katze ist spurlos verschwunden. Hier siehst du ein Bild von Fräulein Gloria*. Welche Katze sieht ganz genau so aus wie die vermisste Katze?

* Du findest das Bild im Buch auf Seite 21.

Oh Schreck, ein Fleck!

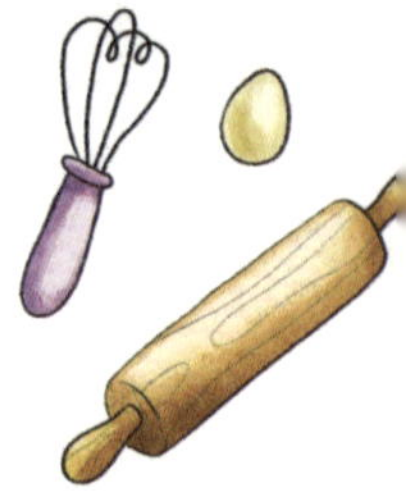

Hat der gemeine Tortenzerstörer wieder zugeschlagen? Tante Lisbeths Rezept ist voller Flecken. Setze die Wörter an die richtige Stelle, damit sie mit dem Backen beginnen kann.

Tante Lisbeths _ _ _ _ _ _-Rezept

Gramm
Äpfel
Zucker
Eier
Geheim
Teelöffel
Kuchen

Apfel-_ _ _ _ _ _ _

4 _ _ _ _

250 Gramm Zucker

125 _ _ _ _ _ _ Butter

100 Milliliter Milch

300 Gramm Mehl

3 _ _ _ _ _ _ _ _ _ _ _ Backpulver

5 mittelgroße _ _ _ _ _ _

Zimt und _ _ _ _ _ _ _ zum Bestreuen

Den Backofen auf 200 °C Ober-/Unterhitze vorheizen. Ein Backblech mit Backpapier auslegen. Eier und Zucker in eine Schüssel geben und schaumig schlagen. Butter und Milch zum Kochen bringen und heiß zum Teig geben. Danach Mehl und Backpulver unterheben. Den Teig gleichmäßig auf dem Backblech verteilen.

Die Äpfel in Spalten schneiden und den Teig damit belegen. Den Kuchen auf der mittleren Schiene 25 bis 30 Minuten backen und nach dem Auskühlen genießen!

Findest du den Weg aus dem Spukschloss?

Wenn Ritter Kunibert spukt, bleibt keiner mehr im Geisterschloss. Aber welcher Weg führt ins Freie? Findest du ihn?

Karin Ammerer
absolvierte ihre Ausbildung in Englisch, Geschichte und Integration für das Lehramt an der Pädagogischen Akademie in Graz.
Mit ihren Geschichten macht sie jungen Menschen das Lesen schmackhaft. Seit 2004 führen sie ihre interaktiven Lesungen durch Österreich, Deutschland und die Schweiz. Kinder und Jugendliche können dabei ihre detektivischen Fähigkeiten und ihre Lesefertigkeit unter Beweis stellen.
Beim Buchliebling 2007 gewann sie mit den „Männern aus dem Moor" den 2. Platz in der Kategorie „Wissen – Lernhilfen – Nachschlagen".
Karin Ammerer lebt mit ihrer Familie in der Oststeiermark.

Informationen zu ihren Veranstaltungen erhält man unter
E-Mail: karin@ammerer.net
www.ammerer.net

Krimispaß mit Inspektor Schnüffel

ISBN 978-3-7074-2381-5

ISBN 978-3-7074-2454-6

ISBN 978-3-7074-2146-0

ISBN 978-3-7074-1600-8

ISBN 978-3-7074-1599-5

ISBN 978-3-7074-1907-8

ISBN 978-3-7074-2100-2

ISBN 978-3-7074-1672-5

ISBN 978-3-7074-1671-8